とことん あそんで でっかく育て

柴田愛子 著

柴田愛子流「りんごの木」の保育

春 夏 秋 冬

世界文化社

はじめに

　子どもって、どうしてこうも気持ちを真っ直ぐに表現できるのでしょう。

　ただし、その手段はことばではありません。怒っている気持ちのときは怒った顔、困ったときは困った顔、話しかけられたくないときは近寄らないでという顔、助けを求めての泣き顔、ションボリしているときは体までうなだれています。すべての気持ちを体ひとつで見事に表します。

　ずーっと昔、私がまだ6歳の頃です。小学校一年生になった5月頃だったと思います。なぜかその日は「学校に行かない」と決めました。理由があったかどうかは定かではありませんが、姉とけんかをしたあとで気分がのらなかったのだと思います。あの手、この手で行かせようとする母、これからずっと行かないのではと心配する母、私の気持ちがつかめずにイライラを募らせる母の姿がありました。私は母が大好きでしたし、いい関係にあったと思います。でも、このとき「お母さんは私の気持ちがわからないんだ」と、びっくりしたのを覚えています。

ただ「今日は学校に行きたくないのね」、それだけで、私は充分だったのです。りんごの木を始めてから、「子どもに寄り添う」ことを大切にしてきました。わけをわかってあげるのではなく、手助けをしてあげるのでもなく、子どものありのままの気持ちを受け止める。一見、簡単そうなこのことが、子どもの気持ちに気づく端緒となり、保育をぐーんとおもしろくしてくれました。

子どもの心の揺れ動きは細やかです。幼いながらも、ちゃんと生きる力も持っています。今まで長いこと、そんな子どもの姿やエピソードを書いたり、話したりしてきました。ところが、なんと写真という方法もあったのです!

写真はすごいです。子どもがちゃんとしゃべっています。心境を訴えています。喜びを放っています。本書では、子どもたちとのエピソードを綴った私のエッセイと合わせ、写真からも生命力にあふれる子どもたちのすばらしさを感じていただけたら幸いです。

柴田愛子

Contents

スペシャル対談

柴田愛子 × 大豆生田啓友（玉川大学教授）

非認知能力って、どんな力？
～今、保育の現場に求められるもの～

幼児期に「非認知能力」を伸ばすことが大事、
といわれていますが、
そもそも非認知能力とはどんな力で、
どうすればその力を伸ばすことができるのでしょう？
今、保育界でも注目されている非認知能力について、
公私ともに親交の深いおふたりに語っていただきました。

柴田　ここ数年、幼児教育の世界で〝非認知能力〟ということばをよく耳にするようになりましたね。

大豆生田　経済学者のジェームズ・ヘックマンが、その追跡調査の研究から、「幼児期に非認知的な能力を身につけることが、おとなになってからの幸福感や社会的・経済的な成功に影響する」と提唱したことで、〝非認知能力〟が世界的に注目されるようになったんですよ。

柴田　非認知能力は、学力のように数値化して評価することが難しい能力をさすことばですが、具体的にはどういった力だと理解すればいいですか？

大豆生田　やり抜く力や他者とかかわる力もそうですし、創造性や追求心、自制心なども非認知能力といわれる力です。なかでも、自分って結構すてきなんだと思えること、いわゆる自己肯定感も、とても大切な非認知能力のひとつだといえます。

柴田　非認知能力を幼児期に身につけることが大事だといわれていますが、こういった力はどういった環境やかかわりを通じて育つものなのでしょう？

大豆生田　ポイントは〝主体性〟です。非認知能力は、させられるのではなく、子どもが、自分の内からあふれ出る「やりたい！」という気持ちに突き動かされて取り組むなかでこそ育つもの。乳幼児期の子どもであれば、おとなから受容的・応答的にかかわられることと、あそびこむことです。夢中になってとことんあそぶ経験がとても大事になります。

柴田　でも、今の保育現場って、どちらかというと一斉保育の時間が長い園のほうが主じゃないですか。そのなかで、子どもを主体にして非認知能力を育むということに、難しさを感じている保育者は少なく

その子の思いを大事にするのも、背中を押すのも、主体性の尊重——柴田愛子

ないと思うんですよね。

大豆生田　一斉保育でも自由保育でも、肝心なのは子どもの主体性が保証されているか、ということ。子どものやる気や主体性は、子どもが安心してありのままの自分を表現できる環境でこそ引き出されます。そのため保育者には、子ども一人ひとりの意欲や興味を汲み取り、それに適した環境を整えるといった、質の高い保育力が求められるわけです。

柴田　子どもの主体性を尊重するというと、保育者は影武者のようにじっと見ていなければいけないと思う人もいます。どこまで見守り、どこから援助するかの判断は、とても難しいですよね。少し現場的な話になりますが、例えば、保育で「今日は絵を描きましょう」というときに、「描きたくない」という子がいた場合。その子の主体性を尊重するなら、それを受け止めるということになるのかしら？

大豆生田　そういう判断もありますよね。結局、保育者も主体なんですよ。こうあるべきというかかわり方があるわけではない。その子とのその状況のなかで、保育者が自ら主体的に考えて対応していくものなんです。今の話でいうと、絵を描かないという子に描かせないというのは、主体性の履き違えだという人もいますが、それはそうともいえないですよね。その子にとってどうかの問題なので。子どもが

大豆生田 啓友（おおまめうだ・ひろとも）

玉川大学教育学部乳幼児発達学科教授。青山学院大学大学院を修了後、青山学院幼稚園教諭などを経て現職。乳幼児教育学、保育学、子育て支援などを専門に、講演やテレビのコメンテーターとしても活躍。２男１女の父。『あそびから学びが生まれる動的環境デザイン』（学研教育みらい）、『ちょっとした言葉かけで変わる保護者支援の新ルール10の原則』（メイト）など著書多数。

夢中になってあそぶ、とことんあそびこむ経験が大事——大豆生田 啓友

「描きたくない」という思いに至った背景に目を向け、それを受け止めたうえでの「いいよ、今日は描かないで」ということもあるし、「あなたなら描けるよ。描こうよ！」と背中を押すということもあるわけです。だから、どっちが正解、はないですよね。

柴田　以前ね、りんごの木にいたももちゃんっていう子が、運動会のリレーに出ないと言い出したことがあったんです。でも私、これはできないわけじゃなくて、勇気を出せないだけだと思ったんですよ。だから、ももちゃんに、「わかった。でも、リレーはみんなでする競技だから、ももちゃんから、みんなに出ないってお話ししてください」って言いました。ももちゃんは、泣きながら「出ない」って伝えたんですけど、みんなは「えー、ももちゃん、走れるのに！」って。そこから、子どもたちが「緊張しちゃうから？」「なら、走るとき、好きな子と手をつないだらいいよ」とかいろいろ案を出し始め、出なくていい、という方向にはならなかったんです。それを聞いたももちゃんは、みんなに励まされた気持ちになったみたいで、結局、その後、友だちと手をつないで練習し、本番ではひとりで最後まで走り抜きました。「出ない」というその

子の思いを大事にするのも、「できる」と読んで背中を押すのも、どちらも主体性を尊重していることになるのだけれど、どう尊重するかの判断は悩むところですね。

大豆生田　保育はマニュアル通りにはいかない仕事。絶対的な正解がないからこそ、保育者も主体性を高めて、自ら考え、この子にとって何が最善なのかを問い続けることが大切なのではないでしょうか。ももちゃんの話ですごく大事だと思ったのは、この子と私の対話だけでなく、それをほかの子たちの舞台に持って行ったこと。愛子さんは、職員みんなに「ももちゃん、今こういう状態なんだけど、どうしてあげたらいいだろう?」と話していたのだと思うのですが、そういうことがすごく大事ですよね。

柴田　職員間では意見が割れましたけどね。優しい保育者は、「もう出なくてもいいんじゃないですか?」なんて言うもんですから!

大豆生田　まぁ、割れますよね。そういうスタッフ同士のやりとりが、すごくりんごの木らしくていいですよ（笑）。そんなふうに、子ども一人ひとりの最善を探るために、職員みんなで対話ができる園が増えていくことを期待したいですね。

春のエッセイ

spring

子どもと保護者の春の不安

お母さんはどこ？

「お母さんは？　お母さんは？」とべそをかきながら保育者に聞きます。「お母さんはあとで迎えに来るからね」と言いますが、わかったのか、わからないのか「あとで来る？　あとで来る？」とオウム返しをしながら泣きべそ。「お仕事してから、迎えに来るよ」と言うと、すぐにでもお迎えに来ると思ってしまうのか、「まだ？」をくり返します。「だから、お仕事してから！」「あとで！」と、こちらもいらだち始めてしまいます。考えたら、幼い子どもたちに言い聞かせようとしても納得するわけがありません。わかってはいるけれど、忍耐がいります。

2歳のあーくん、お母さんと離れる初日です。お母さんは仕事に急いでいました。泣くあーくんを私が抱きかかえます。振り向かないようにして去っていくお母さんに「ママー！」「ママ!?」と叫びます。お母さんの心中はどんなでしょう？　姿が

見えなくなると、後を追うように身を乗り出し「あっち！」と指さします。「ママ、あっち行っちゃったね」と言っても「あっち！」はやまず、私の腕から落ちそうです。「ママ、探しに行く？」と言うとコックリうなずきました。幸い人手はあったので、あーくんとふたりで外に出ました。

だっこはやめて手をつないで歩きます。〝あっち〟に向かって。途中に水たまりがありました。「おもしろいよ」とピチャピチャ誘いました。しばらくはのってくれましたが、すぐに「あっち」が始まります。また、歩き始めました。四つ角に行くと「あっち」と指さす方向も変わります。来た方向がちゃんとわかっているんです。しばらく行くと造成地がありました。昨日の雨で地面はぐちゃぐちゃ。あーくんは長靴を履いています。「ぐちゃぐちゃ、おもしろいよ」と誘ってみると、べちゃべちゃと歩き始めました。気に入ったようです。ずいぶん長い時間がたち、私は帰りたくなっていました。「あーくんのリュックは何色かな？　見てみたいな」「リュックの中にはお弁当があるんだよね。何が入っているのかな？」「りんごの木に帰って、見せてほしいな」と言ってみました。あーくんの気持ちは落ち着き始めていたのでしょう、「うん」と返ってきました。やったー！　と喜びを押し殺して、来た道を戻ります。急いではいけません、ゆっくりめに歩きます。でも、不安な私の口はしゃべり続けてしまいます。「どんなリュックかな……」と。

あーくんの心が開いた！

到着！　玄関を入りリュックのもとへ。あーくんはリュックを棚から持って来ました。一緒に中からお弁当箱を出しました。お弁当箱のふたを開けると、小さなおにぎり、プチトマト、タコになったウインナー、そして卵焼きが入っていました。すると、あーくんは卵焼きを手に取りました。そして、なんと私の口に入れたのです。お近づきのしるし？　お世話になったお礼？　信頼しましょうの気持ち？　私は感動していただきました。あーくんは自分は食べずにお弁当箱のふたを閉めました。

小さくても不安は感じているし、寄り添ってくれるおとなの気持ちも伝わる。そして、自分の気持ちを伝えようとするのです。どれも、ことばにならない気持ち。この出来事を早速、お母さんに伝えました。私の熱い気持ちを一刻も早く伝えたかったのです。お母さんも感動してくれて、「この園に入れてよかったです」と言っ

てくださいました。あーくんを真ん中に、お母さんと手を取り合えたように思います。

受け止めることが寄り添うこと

この時期の子どもの不安を解消してはあげられません。だって、お母さんがいないから不安なのです。でも、だからといってお母さんと一緒に、とはいきません。納得するように言い聞かせるのはもっと難しいです。新しい出来事を受け入れるには時間がかかるのでしょう。私たちは気持ちに寄り添うことしかできないのです。「ママは? ママは?」と泣きながら聞いてきたら、「ママ、行っちゃったね。ママいなくてさみしいよね。ママ、大好きなんだよね」、こう言って受け止めることが寄り添うことになります。「私もママ、大好きだよ」とつけ足すこともありますが、それで子どもの不安が解消されたわけではありません。でも、「この人、わかってくれた」という〃ホッと感〃は持ってもらえます。これがいい関係のスタートになるように思っています。これは新入園児だけではなく、どの子にとっても、どの人にとってもそうでしょう。気持ちに不安を抱えているときは、そばにいてくれるだけでホッとするのです。立派な人よりも、共感してくれる人に安心を覚えるのです。

さて、4、5月は急がずに、園生活が日常化するのを待ちましょう。そして、6月。やっと周りが見えてきます。担任の保育者より同じクラスの〇〇ちゃんが見えてきます。子ども同士のかかわりが生まれ始める頃でしょう。私たちも新しいクラスに馴染んできます。本当の意味でのスタートは6月から。いい時期になります。

春のはじめの一歩は「担任との安心できる関係」、二歩目は「ここが自分の居場所と思えること」。三歩目は「気になるあの子」でしょうか。

保育の理想と現実

初めての世界

なんか、臭い。誰か、うんち臭い。すれちがいざまに、たかしくんのズボンのおなかのゴムを引いてみると、中に大きなうんちが！　え！　これどうするの？　誰がやるの？　私？　こんなことやったことないし……。とりあえず、トイレに連れて行ってパンツを脱がせ、手につかないようにうんちを便器に放り込み、着替えさせてから、パンツを洗い、石けんで自分の手をごしごし洗いました。

洗面所の前で吐いた子がいます。飲んだ牛乳が床に飛び散っています。やだー、汚いし、臭いし、どうするの⁉　誰もいません。私？

男子用トイレで男の子が立ちションをしています。ところが、おしっこはすべて足を伝って下に……。見ると、おちんちんが前に向かっていない。足にくっついているんです。え？　どうするの？　自分でつまんでよー。私？　見かねておちんち

17

んをつまみ、前におしっこが出るように支えました。笑い話のようですが、私には衝撃的な出来事でした。

そのほかにも掃除に洗濯、お便り作り。保育者の仕事をあげたらきりがありません。「幼稚園の先生って、こんなことまでするの?」。これが保育者になった当時の私の正直な感想でした。

「幼稚園の先生になりたい」という思いで、夜間の幼児教育専門学校に入ったのは20歳のとき。昼間は幼稚園で働くことにし、主任先生が担任している3歳児のクラスの助手になりました。

お世話を焼くのが仕事? などと思っているうちに、なついてくる子どもたちが日に日にかわいく思えてきました。そして、慣れというのはすごいです。うんちもおしっこもゲーも、平気で始末できるようになるのですから。

初担任

免許を手にし、新しい園に就職して4歳児の担任になりました。

3歳児と違って、あまり世話が焼けることはありません。でも、朝の集まり、今月の歌、製作帳、体操……私の頭のなかはプログラムがぎっちり。

私は先生なのに、子どもは言うことを聞いてくれないし、思うように動いてくれません。子どもって、こういうものだったの？

やっと実現した自分の夢のはずだったのに、子どもにかかわる仕事に就けたことを喜んでいたはずなのに、日々の保育はお手上げ状態。

保護者に聞かれることにも、ほとんど答えられませんでした。一日が終わるとぐったりして、帰って夕飯を食べて寝るだけ。週末は昼まで寝ていて、出かける気持ちにはなれませんでした。

ある日「今日は絵を描きましょう」と、席に着いてクレヨンを用意した子どもたちに、画用紙を配りました。するとたけちゃんが画用紙を床に捨てました。え⁉ 何が起こったのかよくわかりません。「何やってるの！」とたけちゃんを叱りました。すると、彼は画用紙を破き始めました。私はますますどうしていいのかわからなくなりました。何を描くかを事前に決めていたのですが、指示に従わない子が出るというのは想定外です。

私は怒る、彼も怒る、ほかの子たちは見ている。どうしていいかわからない私は、たけちゃんを保育室からつまみ出してしまいました。廊下に彼を出して、ピシャンと扉を閉めました。すると、廊下から「ワァーン」と大きな泣き声。ハッとしました。まさに我に返ったとでもいうのでしょうか。慌ててたけちゃんを部屋の中に入れ「描きたくないんだね」と聞くと、「うん」という返事。「じゃあ、描かないでいいから部屋の中にいて」と言いました。

私の言うことに従って当たり前と思っていたのです。描きたくない子がいるなんて、思いつきもしませんでした。でも不思議なことに、失敗をすると子どもの気持ちに気づくのです。いえ、子どもが気づかせてくれるのです。数え切れないほどの失敗をしてきました。今振り返ると、「ごめんなさい」と謝りたい子どもがいっぱいいです。

子どもとあそぶ

私にとってホッとできたのは、自由あそびの時間でした。たった30分程度でしたが、〝指導者〟の看板を下ろして肩の力を抜ける時間です。

砂あそびは「見ていると汚いのに、どうして楽しそうなのだろう」と不思議でした。そこで、砂場であそんでいる子どものなかに入れてもらいました。砂を丸く固めるとざらざらしていておはぎみたいです。子どもたちのように水を入れてみました。子どもたちのように平らにしてべちゃべちゃやってみました。すると今度は、スルスルとしてチョコレートみたいです。「見て、見て！」と、思わず私から子どもたちに声をかけていました。

素の自分に戻っているとき、初めて素の子どもたちが見えてきた気がしました。それまで集団としての子どもを見ていたのが、徐々に一人ひとりの表情が見え始めてきました。遠くの景色を見ているとき足元の草は見えないけれど、ひとたび足元の草が見えたら、急にたくさんのつくしやたんぽぽが見え始める、そんな感じです。そして、自分のなかにも、子どもたちと同じ感性が残っていることに気づきました。だんだん〝子ども側〟の私が育っていきました。

手作りの缶じょうろで水まきをして、部屋の中を海にしてしまったこともあります。部屋の中でうさぎを放し飼いにして、園長先生に叱られたこともあります。

自分の子ども心に火がつき、やりすぎて怒られたりもしましたけれど、子どもと笑顔を共有できるようになっていきました。

LOCO GIRL
KiCCOLY

保育はやっぱり子どもが原点。

私が一生保育を続けるなんて、それまでの職場の誰も予測できなかったと思います。保育者生活はもうすぐ50年を迎えようとしています。

その根っこにあるのは「子どもっておもしろい」「生まれた以上、生まれてきてよかったという人生を送ってほしい」という思い。これは、高校生のときに心に落ちた〝種〟のような気がします。保育が何かも、教育が何かもわからないまま、ふと心に落ちた種でした。

いくつかの園に勤めました。保育の形態も、職場の人間関係も園によって随分違いました。保護者との関係も、園によって考え方はまちまちでした。でも、変わらないのは子どもです。子どもの感性、個性、発達の仕方はどんな園であろうと、どんな保護者であろうと「子どもは子ども」なのです。

保育に行き詰まったら、保育がいやになったら、子どもを眺めるといいと思います。〝やらねばならぬこと〟を少し放棄して、子どもとあそんでみるといいと思います。

思うようにはいかない、わかりにくい、いい加減にしてほしいと思うこともあり

ますが、知れば知るほど、子どもは不思議なくらい魅力的です。泣く、笑う、怒る、甘える、全身を使って自分を表現しています。子どもに誠意を持って向き合っていくと、子どもは混じりけのない心で必ずこちらを好きになってくれます。思いはちゃんと通じるのです。

保育の仕事の原点は子どもたち。子どもに元気をもらい、子どもに慰められ、子どもに勇気をもらって共に育っていきましょう。今は疑いもなく思います。「子どもっておもしろい！」。保育はいい仕事です。

子どものけんか

エピソード① そうま君とりお君

あら、あら、砂場でけんかが始まりました。

3歳児のそうま君が持っている大きい黄色のシャベルを、3歳児でいちばん小さいりお君が取りに行ったのです。ふたりは無言のまま、長いシャベルの両端から手を離さずにすったもんだしています。保育者がりお君に「ここに同じのがあるよ」と声をかけましたが、りお君は聞く耳持たず。「そんなの知ってるよ。だけど、そうま君のシャベルがいいの！」ということでしょう。しかし、大きいそうま君のほうが力がありました。シャベルはそうま君の手に。ところがです。りお君がそうま君に向かって泣いてアピールを始めました。目をそらさず、ワーンと大きな声をあげ続けます。そうま君は困っちゃいました。「ぼくが先に持っていたのに」とつぶやきましたが、やがて、「しょうがないなぁ」と、シャベルをりお君に渡しました。ニコッ。ちゃっかり泣きやんだ、りお君でした。

これはふたりの関係が生まれた頃のエピソード。ことばは使わずとも、なかよくなるための手段を、子どもは本能的に知っているのです。

エピソード② あおい君とゆうや君

4歳児クラスの1学期のこと。あおい君がゆうや君に食らいついていきました。すさまじい形相で、取っ組み合っています。ほんとのけんか！　それは結局、ゆうや君が泣いて終わりました。あおい君に引っかかれたゆうや君のほっぺには血がにじんでいました。これは痛かったことでしょう。心が少し落ち着いた頃に「どうした？」と聞きました。あおい君は「二対一はずるいんだよ」と泣きそうなぐちゃぐちゃの顔で言います。ゆうや君がほかの子とあそんでいる様子を見て、あおい君にはゆうや君がふたりでひとりの子をいじめているように見えたのでしょう。ところが、「だって、あれは〇〇マンごっこをしていたんだよ」とゆうや君。あら、勘違い？　そう、こういう誤解から始まるけんかはよくあります。あおい君は唖然とした気まずい表情でした。その日、あおい君は家に帰って開口一番「お母さん、爪切って」と言ったそうです。ゆうや君の傷を見たあおい君は、「痛そうだな。どうしてこんなことになっちゃったんだろう。ああ、ぼくの爪が伸びていたからだ」と、ずっとゆうや君に思いを馳せていたのでしょう。申し訳ないと思い続けていたので

す。なんて繊細で素敵な心の動きなんでしょう。

エピソード③ わかちゃんとふみちゃん

わかちゃんとふみちゃんは5歳児のなかよしです。ところが、最近わかちゃんがふみちゃんを避けているように見えます。ある日、わかちゃんが「ふみちゃんの言い方が怖い」と言ってきました。そして、そのことをミーティングで話したいと言います。りんごの木の4〜5歳児は毎日輪になってミーティングをしています。ミーティングのテーマは様々ですが、こんなふうに子どもから言ってくることもあります。そこでは本音を語り、後腐れなしということもみんな了解しています。

私が「この頃、ちょっと怖いことがある人がいるらしいの」と口火を切ると、「私のことだと思うよ!」とふみちゃん。察していたのです。

わか「あのね、言い方が怖いの」

ふみ「はじめはふつうに言ってるけど、わかちゃんがそのとおりにしないからどんどん大きな声になっちゃうんだよ」

私「でもさ、わかちゃんはそのとおりにしたくないんじゃない?」

ふみ「したくないなら、そのことをちゃんと言えばいいでしょ。逃げたり、泣いたりするとどんどん頭にきちゃう」

「ふみちゃんはどうすればスッキリする?」と聞くと「イヤならイヤと言って。それならけんかになってもスッキリする」。でも、わかちゃんには言い返すなんてできないのです。ふみちゃんには「もうちょっと優しく言ったら?」、わかちゃんには「もうちょっと言い返したら?」と提案しましたが、両方とも首をかしげるばかり。

口は強いけど心は繊細なふみちゃんです。「ねぇ、さっきから強いとか怖いとか言われて、心のなかが悲しくなっていない?」と聞いてみました。ふみちゃんは下を向きながら「うん」。そして「だって私、生まれたときからこうなんだもん」と言ったのです。一撃を食らった思いです。そうですよね、生まれながらの気性ってありますものね。

またふたりが険悪ムードになったときは、ほかの子たちが間に入るということで、ミーティングを終えました。

ところがそのあと、ふみちゃんとわかちゃんは笑顔であそんでいたんです!

「もう大丈夫なの？」と、そっとわかちゃんに聞くと「うん！　さっきのでスッキリしたから大丈夫」と返ってきました。お互いの気性や気持ちがわかったことで、お互いに納得できたのです。みんなが同じになれるわけではありません。それぞれの違いを認識して、受け入れることにかけて、子どもの力はすごいです！

けんかはそんなに　悪いものじゃない

けんかはしなくてもいいけれど、してもいいと思っています。小さい子どもたちのけんかは、心や感情の表現のひとつだと思うからです。まだ、ことばにするのが未熟な子どもたちは、体でコミュニケーションができると思っています。体のけんかばかりではなく、口げんかも含めて自分の気持ちを伝えようとすることからつな

がりは生まれてきます。

子どもたちに「あなたたちは、けんかが好きねぇ」と言ったら「好きなんじゃないよ、なっちゃうんだよ」と返ってきました。そして、親しくない人とはできないとも言ってきます。そういえば「けんかをするほど仲がいい」ということばがありますものね。

でも、けんかは放っておきましょうというのとは違います。私なりのルールがあります。

① 一対一でやること

② 素手でやること（大きなけがを防ぐためと、相手がどのくらい痛いかが素手だとわかるからです。周囲にもけがにつながるものがないかを点検します）

③ どちらかがやる気をなくしたら、

やめること

①②を確認できたら、あとは見守ります。そして、③の状況になったら割って入ります。「どうする？」と確認し、どちらかが「やめる」と言ったらおしまい。

けんかの原因は様々です。物の取り合い、誤解、八つ当たり、心の解放、競争心など、ことばにしきれない気持ちがほとんどですから、話は聞きますが、私が成敗しないようにしています。子どもは、〝泣いたら負け〟とシンプルです。でも、不思議ですよ。けんかのあとは、勝ったほうから歩み寄ります。勝利に酔いしれるなんて子はいません。

実は私もね、小さいときから結構けんかをしてきました。いちばん多かったのは3歳上の兄とでした。原因についてはさっぱり覚えていませんが、兄は追いかけてきて私をぶちます。私はオーバーに泣きます。すると12歳上のもうひとりの兄が下の兄を叱って、けんかが終わるというのが常でした。終わったあとに、下の兄だけ叱られて悪いなぁ、という気持ちが残っていました。

今でもけんかをします。もちろん取っ組み合いではありません。口げんかです。これまた原因はよく覚えていませんが、だいたいは「私の気持ちをわかってくれない」「自分勝手ばかり！」「私にも『つもり』があったのに」、そして「あったまにきた！」という感情でしょうか。お互い言いたい放題言います。感情が激しているうちは「まったく、わからんちんなんだから！　私が正しいに決まってる」と、相手をぼろくそに思って離れます。しばらくすると、「そうは言ってもあっちにはあっちの『つもり』があったのかも」と相手の気持ちに思いが巡りだします。そして、私も悪かったかな、というところに落ち着きます。何度やってもこの流れです。でも、決して「ごめんなさい」なんて言いません。照れ臭いし、かっこ悪いし、言えません。そこで「これおいしいよ、食べる？」なんていう話しかけから、けんかはストンと終わります。どうもこの流れは、おとなも子どもも同じような気がします。

ちなみに兄や姉は既に70代と80代！　私たち結構なかよしきょうだいです。

ND IT RUNS

COLUMN

「待ってたよ」の気持ちを子どもに伝えたい春

春はやっぱりいいです。

花々が咲き乱れ、日差しまでもキラキラと輝きます。木々には柔らかな緑の葉が芽吹き、お日様を吸い込んで日々育っていきます。

そして、毎年迎える新学期。子どもたちも親たちも私たちも、多少の不安は抱えながらも、やっぱり希望を持って迎えます。

今日が「はじめまして」の子どもたちを、大きく手を広げ躊躇なく「待ってたよー！」と迎えます。腕の中に飛び込んでくる子は滅多にいませんけれど、恥ずかしそうに戸惑う子どもの顔には、ちょっと嬉しそうな表情が見え隠れします。

知らない相手との出会いを喜び、関係を育んでいくという素敵な仕事の始まりです。いちばん大事なことは、子どもが「私を待っていてくれる」と確信できることなのではないでしょうか？　泣く子もいるし、走り回る子もいるし、固まってしまう子もいる。てんでんバラバラな状況のなか、保育者だってどうしていいかわかりません。一度にみんなと手をつなぐことなんてできません。私たち、千手観音ではありませんからね。でも、毎日保育は続きます。関係は日々少しずつ育っていきます。

だから、まずは「待ってたよー」「待ってるよー」の気持ちを全員に伝えることから始めてみませんか？

はる

夏のエッセイ

summer

夏のあそびと子どもの育ち

葛藤を乗り越えた先に……

園生活も落ち着き、担任やクラスの子どもたちとの関係もできて、いい時期を迎える7月。しかし、夏になるとまた新しいことがいくつか始まります。そのひとつがプール。さらに、年長児ならお泊まり保育をする園もあるでしょう。

プールでは、水しぶきをあげて喜んでいる子もいますが、顔に水がかかるのもいやで、プールに近づけない子もいます。ほとんどの子は水あそびが好きですが、それは自分の手に負える水限定。水道から流れ出る水、水たまり、チョロチョロ流れる小川の水などであそぶのは大好きです。しかし、プールのように全身を覆うほどの水は苦手な子も多いです。それは生き物のように襲いかかってくるし、目や鼻にも入ってきます。本能的に〝命の危険〟を感じるのかもしれません。

そこで必要になるのが、子ども一人ひとりのペースに合った水への慣れ方です。りんごの木で庭にビニールプールを出すときは、〝バチャバチャ組〟と〝静か組〟のふたつのプールを離して用意します。静か組はまるで露天風呂のようですが、初体験は、安心して取り組めることが大事だと思います。さらなるチャレンジは、安心の先にあるものですからね。しばらくすると、静か組の子もバチャバチャやっている子たちがおもしろそうに見えてきます。そこで、そっと口のあたりまで水に入り、やがて鼻まで。勇気を出してとうとう顔ごとバチャッと。できたときの子どもの顔は輝いています。園でほかの子があそぶ姿を見ることが刺激になり、葛藤しながらも一歩を踏み出し、そしてついに達成する。まさに〝子どもは子どもを見て育つ〟ということなのだと思います。

初めてのお泊まり保育

お泊まり保育もそうです。りんごの木のお泊まり保育は、毎年同じ場所。川あそびやかに捕りなど豊かな自然あそびを体験できるところです。ここ数年は、まず日帰りで楽しんできて、一週間後にそこに泊まるというやり方をしています。楽しい場所だとわかっているので、〝泊まる〟というハードルが低くなります。

年長児ですから、日ごろは大人顔負けのおしゃべりもする子たちですが、泊まるとなると話は別。「泊まりに行こうね」と誘うと、ちょっと首をかしげて思案顔になる子、さらには、つくづく困った顔をする子もいます。私が明るく「おねしょが

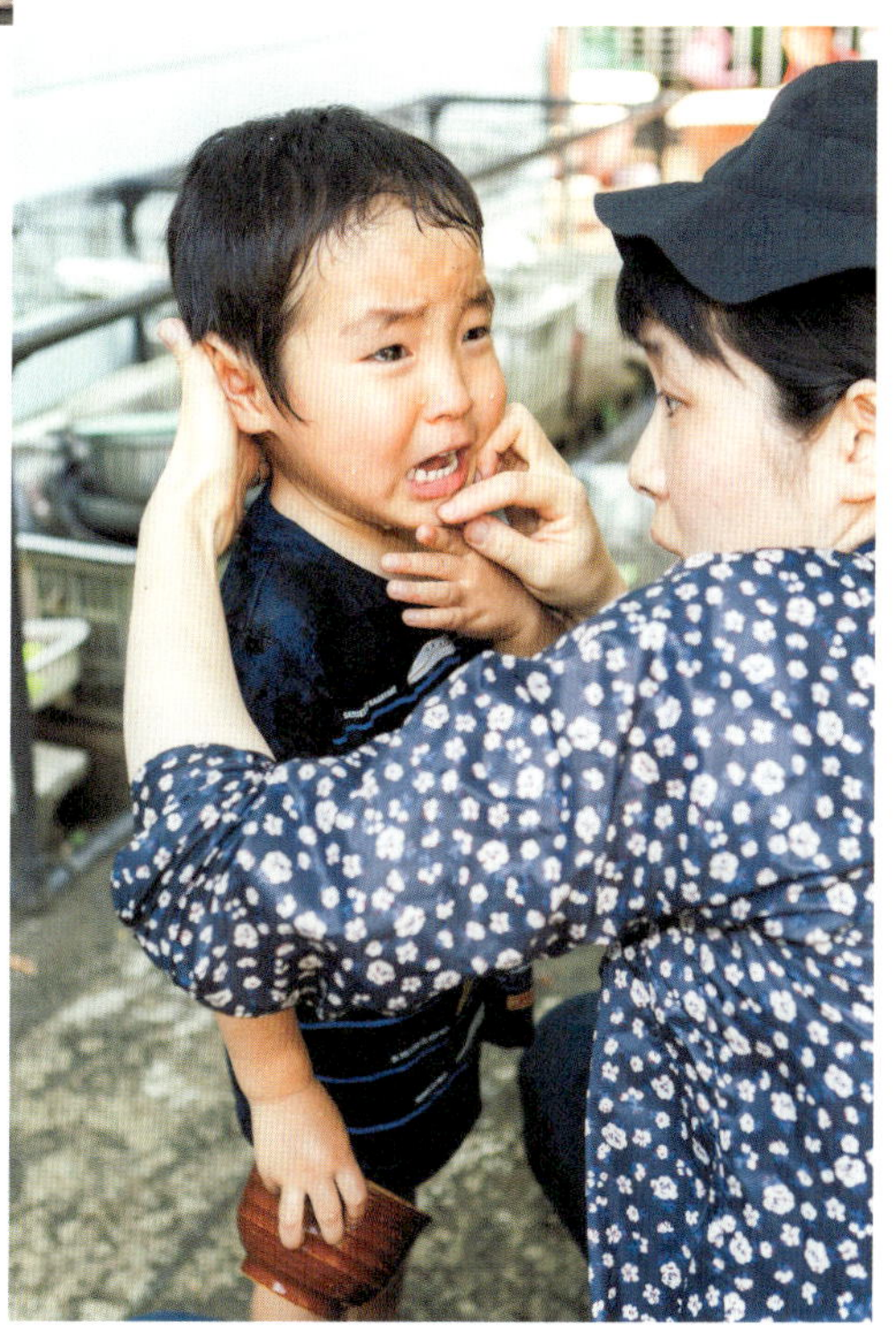

心配な人！」と言うと、「はい！」と、うっかり手を上げてしまう子もいます。でも、そのおかげで下を向いていた子の顔が上を向き始めます。そこで「おねしょは恥ずかしくないよ。いつもおねしょパンツをはいている人は持ってくればいいし、ふとんにしちゃったら乾かすから大丈夫」と話すと、ホッとした顔になります。でも、なんといっても子どもたちの最大の心配は、お母さんがいないこと。「みんなと行きたい。でも、お母さんはいない」という心の葛藤が始まります。でも、この心配はみんなが抱える共通の心配。そこで、いろんなアイデアが出てきます。「お母さんの写真を持って行けばいい」「お母さんの匂いのするものは?」「お母さんに手紙を書いてもらおう」。そうやってみんなで心配ごとを共有し合うことで、少しずつ不安が解消されていくのも見事な〝友だちパワー〟です。

園生活を重ねていくということ

随分前のことですが、お泊まり保育に行くのを渋っていたほのちゃんの話です。せっかくのお泊まり保育、ほのちゃんにも体験させたいと思ったお母さんは、あの手この手で励ましたり、なだめたりしました。それでも不安の消えないほのちゃん

に、とうとうお母さんは、「行きたいんでしょ？　だったら、心配も持って行きなさい」と言いました。それでようやく、ほのちゃんも決心がつきました。そして当日。昼間は楽しくあそぶことができたほのちゃん。ですが、夕暮れからがいけません。しくしく泣き始め、夜は保育者に抱かれ、泣きながら寝ました。でも、朝になったらすっかり元気。帰宅したときには、晴れやかな顔をお母さんに見せることができました。

目の前のハードルに向き合い、葛藤し、エイッと乗り越える。それをくり返しながら、子ども自身が自分の力で大きく成長していくのではないでしょうか。その後、りんごの木を卒園して小学校に入学するときも、ほのちゃんは「心配は持って行けばいいんだよ。持って行くとね、心配がなくなるんだよ」と言ってみんなを元気づけていました。

園生活を重ねていくということは、親が知らない、親の手の届かない子どもの姿が多くなるということでしょう。日々の生活のなかで、子どもは自分の足で立っていくことになるのです。子どもたちのそんな自立の場面に立ち会える保育という仕事は、ありがたいとつくづく思います。

ざりがに釣り

よみがえった〃子ども心〃

保育者1年目のときは、子どもとどうやってあそんでいいかわからず戸惑いました。一斉保育のときはいいのですが、自由あそびの時間に何をしていいかわからないのです。子どもたちのあそびときたら、泥まみれになったり、びしょぬれになったり、私からすると何が楽しいのか理解不能なことばかりでした。でも、一緒にやってみると不思議とはまり、あげくの果てには、先頭を切って、子どもに「見て、見て～！」なんて言っていました。

「子どもたちのあそびの楽しさはやってみなくちゃ、わからない」。これが、自分のなかに眠っていた〃子ども心〃を思い出すはじめの一歩であり、子どもを知る一歩でもあったように思います。子どもが主導権を握っているあそびに入れてもらうというのは、案外楽しいものです。指導しなければならない立場から降りると、た

だの子どもになれます。

りんごの木の伝統芸

そんなふうにして子どもに教えてもらったあそびに「ざりがに釣り」があります。ある日、おっとりしているなおくんが「森林公園の池には、ざりがにがいるよ」と言い出し、行ってみようということになりました。なおくんは割りばしと糸とするめを持って来ました。今では当たり前と思いますが、当時の私は何も知りませんでした。割りばしに結んだ糸の端に〝するめ〟をつけて池に垂らします。せっかちな私は、ちょこちょこ上げてしまいます。なおくんはじっとしています。そしてフッと割りばしを持ち上げたかと思うと、ざりがに！　釣れました！

このことをきっかけに、りんごの木では毎年、夏にざりがに釣りに行くことが恒例になりました。石の下に隠れたざりがにが、するめを食べ始めるのをじっと待ち、食いついてもう離れないぞ、という瞬間に持ち上げます。実はナイショですけど、こんなに長年子どもたちのざりがに釣りに付き合っていながら、私は一回も釣れたことがないのです。私の気性にこのあそびは合いません。子どもたちの周りで見て

楽しむことに決めています。

ですが、ざりがに釣りで困ることがあります。子どもたちは、釣ったざりがにを必ず家に持って帰りたがるのですが、飼うという意識がありません。せっかく釣ったざりがにを入れたバケツは炎天下に置いたまま。ほとんど死んでしまいます。この年齢は捕獲するのが楽しみで、継続して世話をするということがわかっていないのです。だから、持って帰るのを禁止すべきなのか、わかるまでざりがにを犠牲にすべきか……。「ざりがにだって、生きているんだよ。ちゃんとエサをあげて飼う気持ちになった人だけ持って帰ってね」と話したことがあります。ことばの意味が理解できる5歳児は、迷いながら持って帰るのをあきらめる子もいますが、4歳児には通じないようです。初めて釣れたざりがにを川に戻すことができず、ニコニコ

笑顔で持ち帰っていきます。ところが、迎えに来た親に「家には持って帰らないよ！」と一喝されて泣いてしまう子も。これには親の協力を請うか保育室で飼う覚悟が必要になってきます。

誰のざりがに？

ある日のことです。4、5歳児と一緒に近くの小川にざりがに釣りに行きました。すると、大きなざりがにが石の下から顔を出しています。4歳児のしんちゃんが糸を垂らしました。するめに食いつくのですが、糸を引くとざりがには離してしまう。何度もそのくり返しでした。それを見ていた5歳児のひろくんが近くにきて「もう、手でつかんじゃいな」と言います。でも、しんちゃんは怖くてつかめません。やきもきしたひろくんは「とってやろうか？」と聞きました。「うん」と、しんちゃん。あっという間にひろくんは手づかみでざりがにをバケツの中に入れました。ふたりとも笑顔でバケツを持って帰りました。ふとのぞくとバケツの中にざりがにが2匹？ 途中で脱皮したようです。「どうして、ひとつがふたつになるの？」と聞く4歳児。「脱皮したんだよ」と兄貴面の5歳児。

さて、降園時間になりました。しんちゃんとひろくんがバケツをはさんでにらみ合っています。ひろくんが「ざりがにを持って帰る」と言います。しんちゃんは泣きそうな顔で「ぼくのざりがに」と言います。「おまえは見つけただけじゃないか。捕ったのはぼくなんだから、おまえは殻を持って帰れ」とひろくん。にらみ合いは続きます。しばらくすると、しんちゃんが「もういい」と言いました。戸惑ったひろくんは「おれもいらない。4歳に言われて持って帰るわけにはいかない」と言いました。結局、「このざりがには、明日、元いた所に戻そう。今度は自分の力で捕まえる」となりました。翌日、雨のなかカッパを着て小川に戻しに行きました。

子どもたちといると思いがけない出来事の連続です。そのたびに、私はどうしたらいいのだろう、保育者としてどう対応すべきなのかと迷うことばかりです。でも、いつだって子どもはたいしたものです。お互いに納得する方法を見つけていくのですから。子どもから教えられることのほうがずっと多い気がします。ありがたい仕事です。

ERY HUNGRY
ERPILLAR

COLUMN

子どものように興味を持ってやってみる！これができる保育者は、ぐんぐん伸びる

子どもたちの関係が落ち着いてきた頃に、やってくるのが夏！　緊張がほぐれた頃に、心が解放されるものといったら、なんといっても水あそびです。子どもが水を好きなのは本能ともいえるのではないでしょうか？　昔は、暑ければ水を浴びていましたが、今は、部屋の中、クーラーで涼むのが一般的になってしまいました。でも、人間って、やっぱり外の空気を吸うと落ち着きますものね。

水と自然、そして小動物へと外界へ広がる子どもたちの世界。年齢によって興味、関心の対象は違いますけれど、子どもの群れがあってこその体験が積まれていきます。

夏はアリ、だんごむし、せみ、ざりがにや小動物との付き合いも盛んになります。何でも知っていないと保育者になれない？　そんなことはありません。子どもの後についていけばいいのです。子どももいろいろで、「〇〇については妙に詳しい子」というのがいるものです。一緒に興味を持つ、やってみる、一緒に笑う、キャーと逃げる、そんな保育者が子どもと共に育っていけるのではないでしょうか？

ただし、自然界には毒を持つ生き物もいますから、そのへんの知識だけは持っておきましょうね。そうそう、熱中症予防に関しての知識もね。おとなの役割ってそれぐらいのもの？

秋のエッセイ

autumn

心と体を育む秋の行事

おいもの量は同じにすべき!?

園生活やクラスがすっかり子ども自身のものになり、保育がいよいよ軌道にのってくるのが秋ですね。行事も多く、体も心も友だち関係も、ぐんと大きく成長する時期です。

りんごの木では、秋に2〜3歳児と近くの畑にいも掘りに行きます。つるだらけの畑に着くと、入るのをいやがる子、虫を探し始める子、保育者がつるをどければ、そのつるで綱引きを始める子もいたりします。つるをどけ、出てきた地面を掘って見せると、子どもたちは、初めておいもの存在に気づきます。

おいもをひとつ掘っただけで「とれた!」と大喜びで持ち歩き満足そうな子もいれば、膝を地面にしっかりつけて掘り続ける子もいます。ですから当然、掘ったおいもの量は、持ちきれないほどになる子から、たったひとつ、という子まで千差万

別。さあ、これは保育者として悩むところです。各家庭から同じ教材費をいただいているのだから、おいもの量は調整したほうがいいかしら……。そこで、たくさん掘った子に「○○ちゃんはひとつだから、分けてあげようか」と声をかけてみます。すると「いや！　パパとママとお姉ちゃんと、ばあばとじいじのなの」。そうか、ちゃんと〝予定〟があったのね。ならば、ひとつしか掘らなかった子には、園用に掘っておいたおいもを、と思い、「もうひとつあげようか」と聞くと「いい」。そうだよね、自分で掘ったそのひとつが何より大事なおいもなんだものね。おいもの数は不平等だけど、子ども一人ひとりの満足している気持ちは平等なのです。ですから今は、数が違うこと、その子の気持ちを大事にしていることを事前に保護者に伝えるようにしています。

運動会に見る、子どもの育ち

なんといっても秋いちばんのビッグイベントは運動会。このときほど年齢の差を感じることはありません。かけっこひとつとっても2～3歳児は競争心があまりないので、にこにこ顔を見合わせ、手をつないで走るシーンも目にします。困ったこ

93
NIKE

とに当日になって「やらない」と言う子が現れます。2歳児は人の多さに圧倒されて臆してしまうのですが、3歳になると「恥ずかしいから」と言う子もいます。そうです、自分を客観的な視点から見られるようになり、〝恥ずかしい〟という感情が芽生える頃なのです。しかたなく、そういう子は保護者と一緒に走ります。なかには、出場しない子もいます。保護者には、「ここで出場しなくても、今後の人生に支障はありませんよ」と伝えます。

それに引き替え、年長児の走りの見事なこと！　緊張をにじませた真剣な表情はまさに成長の証しです。でも、このハレの舞台の裏には、そこにいたるドラマが隠されています。

どうしていつも負けちゃうの？

りんごの木では、運動会の準備は本番当日の2週間程前から始めます。4～5歳児の種目は子どもたちと一緒に考えます。やはりなんといってもいちばんの人気種目はリレー。当然その最後を走るアンカーは運動会の花形なので、アンカー決めは毎年難航します。チームが負けている場合、アンカーは最後にひとりで走らなければばなりません。ですから、「アンカーは走るのが速くて、心が強いヤツでないとできない」という自覚を持っての争奪戦になります。誰がなるか、どうやって決めるのか、ともめますが、たいてい最後は立候補者同士で走り、いちばんになった子がアンカーになります。

ある年の運動会のこと。こんなに燃えて、順番も決め、がんばって練習もしているのにどうしても勝てない赤チーム。「どうしていつも負けちゃうの？　さーちゃんがいるからじゃないの」と私が言いました。さーちゃんはゆっくりと発達している子です。3歳のときは手を持たないと歩けませんでした。今はひとりで歩いたり走ったりできますが、競技をやる気にはなっていないのです。途中疲れてしゃがんだり、あらぬ方向へ進んだりします。引っ張って走らせようとするとドーンと動かなくなってしまうのです。

「さーちゃんが出なければいい」と、私が言うと「かわいそうだ」と子どもたちはむきになって言います。りんごの木にはいろんな子がいるので、個人差があることがわかったうえで、〝どの子も仲間〟という意識を強く持っています。

しかし、「出なければ勝てる」と思うのは当たり前。そこで、私があえて口にしました。「本人にやる気がないなら、かわいそうではない」と。すると子どもたちは、「聞いてみなくちゃわからない」と言います。ひとりの子が、「リレー出る?」とさーちゃんの顔をのぞき込んで聞きました。すると「出る」と言うじゃないですか。さあ、本人がやる気ならがんばってもらわなければいけません。本番まであと、二日。

本人も自覚したせいか動きが変わってきました。ほかの子はフォローの仕方を考えました。当日、さーちゃんは笑顔で走りました。途中休憩もなしです。さーちゃんの大好きな子が手をつなぎ、もうひとりが反対側から手を背中に添えました。そして初めて、赤チームが勝ちました。飛び跳ねて喜ぶ子どもたち。観客席のおとなたちは涙、なみだです。青チームのアンカーは悔しくて泣き崩れました。

個の育ち、集団の育ち

ほかにダウン症の子もいるし、発達障がいといわれている子もいます。おとなに何か言われなくても、それぞれの子に合った対応をする子どもたちの姿には胸を打たれます。協調性とは自分を犠牲にして相手に合わせることではなく、互いを受け

NIKE
APPLE

I ♥ NY

入れて尊重し合うことなのだと、いつも子どもたちから教えられます。いろいろな子がいてこそ、集団が育つのです。

運動会の感動を保護者と共有するため、二日後に〝親の会〟をしています。このとき、さーちゃんのお母さんにも感想を言ってもらいました。「子どもたちにも大事にされていることを実感しました。うれしかったです」とおっしゃっていました。

運動会が終わると、小さい子のあいだでは「運動会ごっこ」が始まります。4〜5歳児は一段と仲間意識が高まり、チームに分かれて行うあそびが流行ります。行事を通してまたひとつ大きくなった子どもたちを感じます。

食育の根っこ

はや弁

2歳児は自由人。入園当初、ふと気がつくと、部屋の隅や廊下でお弁当を開けています。びっくりです。「お弁当はまだなのよ」と言うべきか、「食べるなら机でね」と言うべきか、そのままにしていいものなのかと悩みました。「お昼までがまん!」と言いたいところですが、「まだ9時半なのに、どうして食べているのかしら?」と、子どもの気持ちを探ります。

ひとりが食べ始めると、あちらこちらで食べる子が出てきます。それには、いくつかの理由があるようです。まだお母さんと離れることに慣れていない子は、お母さんの手作り弁当を開けると心が落ち着くから、というのがひとつ。もうひとつは、何をしてあそんでいいかわからない、つまり手持ち無沙汰なんです。そんなとき、お弁当が支えてくれます。少し大きい子なら「つまんない」「何していいかわかん

ない」と言ったり、とりあえず絵本やブロックであそんだりしますが、小さい子は食べることが間を埋めることにもなるようです。ほかには、単純に「おなか空いた！」もあります。こうした子どもの気持ちに気づくと「だめ」とは言えなくなってしまう私です。私だって葛藤します。「どこまで自由？」「しつけは？」と。でも「まあ、いいか」になってしまいます。そのうち、おなかが空いたことも忘れるほどあそびに夢中になる時期がやってきます。友だちとあそぶようになると「一緒に食べたい」と言い出します。あそびに夢中になると「まだ、食べない」とも言います。結局、一年の後半にはみんなでテーブルを囲んで食べるようになるのです。

おとなは健康のために食を充実させようとします。食欲はさておき、食べる時間を優先します。しかし、子どもにとっては食べることも、気持ちや心模様と結びついているということなのでしょう。

おままごとから本物に

2歳の子が砂を手にのせて「どうぞ」と差し出してきました。これは何やらと思いつつ、「どうも」と受け取り、食べるまねをします。「まあ、おいしい」と言うとご満悦の笑顔。あるときは、粘土の塊がのったお皿を渡されました。「まあ、おいしい。これは何でしょう?」「ハンバーグです。おいしい味が入っています」と3歳児。4歳児が作るものになるとだんだん美しく、おいしそうになっていきます。5歳児ともなると、作る工程も本物をまねていますし、レストランの営業も始まります。

子どもは食べることが好きです。そして、本物を作っているおとなの姿をいつも見ています。そこには〝本物〟をやってみたいという願望が……。

そこで、本物に挑戦。本物ですから、いつにない集中力を発揮します。手を洗って、エプロンをすると緊張感が生まれます。

りんごの木では、3歳児の初めての料理は、〝お米を研ぐ〟です。お米を研ぐのはお母さんの象徴のようで、子どもたちは、憧れに手が届いたように真剣にやります。けれど、手が小さいので水を流すときに大半の米が流出。そこでざるを使うことにしました。炊くのはどこの家にでもある炊飯器がいいと思っています。りんごの木では羽釜や鍋を使って炊くときもあります。お米がご飯になる不思議も感じてほしいです。湯気が出て、音がして、においがしてくる。お米に水を入れて、火にかけるとご飯ができるという過程も、自然な感じで知ってほしいと思っています。この年齢は科学的な解明より、〝感じ〟ですからね。

2〜3歳児でもできることはたくさんあります。材料をちぎるだけの焼きそば。バナナをつぶして牛乳を入れてシェイク。すり鉢でごりごり作るふりかけ。白玉団子は感触もよく、形作りもお得意です。

食欲は、命をつないでいくために本能として持つ欲ですが、子どもはそれを満たすことすらいつもおとなに依存しなければなりません。「自我」に目覚めていく子どもにとっては、「自分で作ったものを食べる」という経験は自立心につながる貴重な経験になることでしょう。

食べ物の原点

大きなスイカをいただいたので、包丁を使い、子どもたちの前で割りました。すると、たっくんが「これなあに?」と聞きます。「スイカよ」と言うと、彼は「スイカは小さくて、四角くて、種なんかない。楊枝が刺さっている」と言いました。ギョッとしました。彼の家ではいつも、口に入るサイズになっていたために、実物を知らなかったのです。笑い話のようですが、子どもたちの食環境はそんなことだらけになっていないでしょうか？　特に都会では、スーパーで売られている姿を見て、食べ物を知っていきます。意識的に見せていかないと、錠剤を口に入れているのと変わらないことになりかねません。生き物としての人間の原点に、目隠しして生きているような気がします。

絵本で見る大きな魚。でも、生の大きな魚を知らない子どもたち。そう、切り身しか食卓に出ない家庭もありますものね。そこで切り身にする前の魚を見せて、いじって、においをかいで焼いて食べるという過程を楽しみます。以前は、ご厚意でマグロの頭と骨をいただいたことがありましたが、今は鮭がせいぜいです。おとなも子どもも楽しみにしています。鮭を頼むときはメスのいくらつきにします。いくらはあとで醤油につけて、ご飯といただきます。一匹で二度おいしいです！

りんごの木の近くの公園には柿の木が3本あり、おいしい実がなります。数年前から実がなったらとらせてほしいと公園課にお願いしています。子どもたちは秋を楽しみにしていて、木登りもどんどんじょうずになりました。たくさんなるので、公園にあそびに来ている人にもお裾分けします。昨年は豊作で何百個もとれました。

近くを歩いている方に「どうぞ」と差し出す子もいます。地域の方々も「ありがとうね」と喜んで受け取ってくれます。

でも、初めの頃は「それは食べられないよ」と言う子もいました。「じゃあ、どの柿は食べられるの？」と聞くと、「スーパーに売っているのは食べられる」と言いました。確かに今の時代、柿がなっていても、ミカンがなっていても「おいしそう！」と感じる人は少ない気がします。食べ物のもとは畑で作られている、もとは動物である、もとは海や川にいる魚である、もとは木になっている……、そんなもとの姿を絵本や図鑑だけでなく、実際に目で見て知ってほしいと思っています。命のもとを知ることになるからです。

食育の種

ある日、給食で冷やし中華が出ました。ひろくんは、目の前の冷やし中華をじっと眺めたまま、なかなか手をつけません。ほとんどの子は麺好きですから、麺だけをのせた皿を差し出して「こっち食べる？」と聞きました。一瞬、彼は喜んだのですが、目の前の皿を見て「キュウリは食べられる」と言います。「あら、そう」っとキュウリをのせました。すると「モヤシもいける」。モヤシをのせました。「鶏肉も大丈夫」と言うじゃありませんか。「なんだ、トマトがだめなのね。早く言ってくれればトマトだけどけたのに」と言うと、「そうじゃないんだよ。だめなんだ、一度のせたら麺にトマトのにおいがついてる」。

サンマの蒲焼き丼に手をつけない子もいました。タレがご飯にしみているのがだめなのだと察しました。私もそうだからです。そこで、ご飯と蒲焼きを別々に皿にのせて出したら、ばくばく食べて「おかわり!」。

これは過保護でしょうか? でも、においや、食感、味覚の好みに敏感なのがいけないとも思えません。栄養がある、好き嫌いをしない、残さない、感謝していただくなど、どれも大事なことです。でも、「食べることって楽しい!」「これは何?」「いいにおい!」「うちのお母さんのと味が違う!」「魚ってでかい!」「肉ってどうやって作るの?」。そんな興味、探究心を引き出すことが食育の根っこなのではないでしょうか。食べ物があるから生きていけるという種を、子どもたちの心に落とせたらいいですね。

COLUMN

保育者同士の風通しがいいと、園行事って、楽しくなるものなんです

秋は、一年でいちばん保育が華やかになる季節ですよね。収穫の秋、運動会、遠足と、園の行事が目白押しで、出かけることも多くなります。

行事を経て子どもの成長を感じられるというのも事実ですが、行事に追われると忙しさのあまり心をなくし、子どもたちを一斉に動かしたくなります。ですが、行事に対して積極的にやりたくて輝いている子、一応やるけどそんなに夢中にはなれない子、いやいや仕方なく付き合っている子もいます。全員が同じようにやる気満々で向かっていくというのはなかなか難しいものです。それぞれに好きなことが違うのですから当たり前です。けれどクラスとしてまとめなければなりません。さらにそれが、担任の評価にまでつながってしまうと、保育者にとって園行事は、つらい仕事になってしまいがちです。

でも、考えてみれば保育者だってなんでもできる人なんて、そうはいません。音楽は得意だけど造形はダメ、物を作るのは好きだけど見せるのは苦手、体を動かすことは好きだけど、手先は不器用などなど。子どもも親も、保育者だって、得手不得手があって当たり前。そこで、生きてくるのがチームワークです。保育者同士の関係がよければ、協力し合うことで、共に作り上げていく楽しみを感じられるようになります。先輩後輩も含めて、みんなで工夫しながら盛り上げていけるといいですね。

あき

冬のエッセイ

winter

子どもの本音に耳を傾ける

りんごの木の〝ミーティング〟

子どもの気持ちや本音といった〝内面〟を知ろうとするとき、感情がストレートに表に出る小さい子どもたちなら、その表情や行動を見ればおおよそのことは理解できるものです。けれど、4～5歳児、特に卒園や入学を目前にした子どもたちの心中を、表情だけから読みとることはなかなかできません。

しかし、この時期の子どもたちには、すでに気持ちや考えをことばで表現する能

1
2
PHOENIX
C.F

力が育っています。そこで、子どもの本音に耳を傾けるため、りんごの木では4歳児のはじめから〝ミーティング〟という話し合いをしています。

ミーティングは、朝、あそんだあとに椅子を丸く並べて集まるところから始まります。保育者も一員としてそのなかに入ります。話題はその日の朝に食べてきたものや、モヤモヤしているけんかの話など多岐にわたります。このミーティングは、4月から毎日くり返し行っているので、3学期ともなるとその内容も濃くなります。

〝行きたくない気持ち〟のわけ

例えば……。

りんごの木では1月末に年長児を連れ、一泊の雪あそびに出かけます。行き先は八ヶ岳のふもと、清里。滅多に雪が降らない場所に住んでいる子どもたちですから、憧れの雪でたっぷりあそばせたいと、園生活最後のプレゼント感覚で計画しているものです。おおよその行程を話したうえで、行きたいか行きたくないか、子どもたちに気持ちを尋ねます。

ある年のことです。そのときも、子どもたちに参加の意思を尋ねました。するとふたりの子が「行かない」と言いました。ひとりは引っ越してきたばかりで心細いから、お母さんと弟がいないと無理とのことでした。それを聞いた子どもたちは「じゃあ、お母さんと弟を連れて行けばいいんじゃない？」と言うじゃありませんか！　こういうことをすんなりと言いだす子どもたちにびっくりし、思わず私は「バスは大きいから乗れる。宿泊先も人数は増やせる」と答えていました。自分はお母さんがいなくてもいいけれど、必要な人は一緒でいいよ、といういたってシンプルな考えです。おとなは「みんなと平等ではない」とか「園の行事だから」とか、本人の気持ちよりあれこれ建前ばかりを考えていることに気づかされました。

さて、もうひとりはというと、その子もお母さんがいないと心細くて寝られないと言います。「お母さんは自分で決めていいよって言うけど、本当は行ってほしいと思ってるんだ」とも。もうひとりのように、「お母さんを連れて行くのはどう？」と聞くと、しばらく考えてからこう答えました。「きっと、そう言ったらお母さんは行ってくれると思う。でも、行っているあいだ、ずっと不機嫌な顔をしていると思う。だから、やっぱり、ぼくは行かない」と。

本音が見えると保育が変わる

子どもってすごいでしょう？　ちゃんと親の気持ちを見抜いているのもすごいけれど、それをこんなふうにことばで表現することができるのです。否定しないでその気持ちに耳を傾ければ、一生懸命ことばを探しながら、ちゃんと話してくれるのです。

結局、その子は行きませんでした。みんなと違うことをするのは勇気がいることです。でも、その子は自分でそれを決めて実行しました。その子のお母さんには、みんなと違うことをするということは、自分でその責任を背負うという経験にもなる、と話しました。そして、みんなが清里に行っている間、親子で楽しく過ごしてほしい、ともね。

実際は、こんなふうに〝行かない〟という選択肢をとれない園のほうが多いでしょう。でもね、ミーティングをして、子どもたちの気持ちや本音がわかってくると、そういう選択肢を無視できなくなってきたのです。

不安を共有することが大事

いよいよ卒園間近になると、毎年決まって、子どもたちに〝今の気持ち〟を聞くようにしています。「もうすぐ小学校だね。うれしい気持ちとドキドキ心配な気持ち、どっちもある？」。学校のイメージがまだ持てない子もいるので、私が自分の経験を交えて学校の話を始めると、上にきょうだいがいる子たちは知っていることを話したくてうずうずし出します。けれど、子どもたちが話し始めると、その内容にはマイナスの情報が多いことに気づきます。「給食、食べなくちゃいけないんだよ」「宿題があるんだよ」「先生、怖いよ」。言いながら本人たちも心配になってくるのでしょう。やがて、心の底に押し込んでいた不安が少しずつ口から出てきます。

一番多いのが「友だちができなかったらどうしよう」「いじめる子がいたらどうしよう」。ほかにも「学校は大きいから迷子になったらどうしよう」「学校の先生は怖いかなぁ」「給食食べられるかなぁ」といった心配が続々。

そんなときは、「うん、うん」「そうか」と聞き役になります。だって、保育者も子どもの不安を安心に変えることはできません。一緒に入学するわけではないので

すからね。ここは、心配を口に出せること、仲間と不安を共有し、考え合うことが大事なのです。そうすることで心の荷物が軽くなっていくのです。

ぜひぜひ、焦らず、じっくり子どものことばを引き出してみてください。

KEEP
キープ自然学校
財団法人キープ協会
本部事務所
KEEP HEADQUARTER OFFICE
財団法人キープ協会

ごっこあそび

“まんまごと”は、ごっこあそびの原点

2歳児が砂場であそんでいたので、そばに座っていました。お皿に砂をのせて差し出してくれたので、食べ物に違いありません。「いただきます」と言って砂を手ですくい、口元に持っていく私の顔をじっと見ていたかと思うと「うそっこだよ。うそっこ」と忠告してくれました。もちろん私は百も承知、まさか食べたりしません。私の演技がすばらしくて心配になったのでしょうか？　いえいえ、自分自身に言い聞かせていることばなのでしょう。「うそっこ」という認識を持って、ごっこあそびを始める時期なのですね。

3歳児がプリン型に砂を入れていました。飾ると美しいかと思い、花を摘んで差し出すと、なんと別の鍋に砂を入れてその花を混ぜたんです。「おいしくなるよ」って。見た目を美しくするより、味をよくするほうが大事？　と思っていると「ど

うぞ」と鍋ごとくれました。なんの料理でしょう。「カレーですか？」と聞いて違ったら失礼なので、ことばを選びます。「おいしいですね。なんでしょう？」と聞いてみると、「ハンバーグです」と返ってきました！　え！　ぜんぜん似てないんですけど。でもほかの人からハンバーグに見えるかどうかなんていいのです。本人がハンバーグと言っているのですから。自分の〝つもり〟が最優先している年齢です。「ちょっと、甘いんですけど」と言ったら、白砂をぱらぱら入れてくれました。お塩だそうです。

小さい子どもの、ごっこあそびのスタートは食べ物です。「ままごと」つまり「まんまごと」は食べ物の模倣あそびから始まるのです。命をつなぐ基本だからでしょうか。

〝なりたい自分〟になれるのが、ごっこあそびのだいご味

あやめちゃんが長いひもを引きずって歩いています。浴衣のへこ帯を頭に巻き、その先端にまたへこ帯をつなげて、なが－いなが－い髪の毛に見たてています。髪長姫のラプンツェルだそうです。「長くて危なくない？」と言うと「だいじょうぶ」

と、少し歩いてはたぐり寄せ、また歩いてはたぐり寄せて進んで行きます。表情はもはや、あやめちゃんではありません。ラプンツェルそのものです。

一方、男の子たちはどうして戦いごっこが好きなのでしょう。なりきって「えい！」「やー」と力加減ができないまま戦うので、必ず泣く子が出てきます。痛い思いをするのはイヤだけど、体全体で思いっきり戦いたい。そこで、保育者が悪役にさせられます。でも、痛いのは保育者も同じ。そこでマットや布団を体に巻きつけたり、「パクパク怪獣」となって攻めたりするのが、りんごの木の伝統です。これが4歳児になると、やっと力加減ができるようになります。戦いごっことして成立するようになるわけですね。ホッ！

進化するごっこあそび

子どもの視野が、食べることから家族へ、さらにテレビ・映画などの情報が取り入れられて広がっていくのが、ごっこあそびを見ているとわかります。

現実味を帯びた人間社会の模倣と、あふれ出るアイデアから、めきめきと発展していく4~5歳児のごっこあそびの見事なこと。

ところで、りんごの木ではもう20年以上も石けんを泡だてるあそびが伝承されています。ことの始めはシャボン玉でした。シャボン玉を作るために石けんを削り、水を少量入れてかき混ぜていたのです。ところが、どんどんかき混ぜていったら、泡だらけになりました。さらにかき混ぜ続けるとふんわり生クリーム状態に！　当初は「せっけんあわあわ」と言われていましたが、今は「あわぶく」。上等な泡ぶくはきめが細かくて、つやがあり、容器を逆さにしても落ちません。このあそびが途絶えることなく、子どもたちに受け継がれているのは、この作業がおもしろい証拠です。色をつけたり、凍らせたり、花びらを飾ったり、砂を混ぜ込んだり（砂はごま味だそうで）と極められています。

泡ぶくがおいしそうに飾られると、売りたくなります。そこでレストランごっこに発展します。テーブルをセッティングし、メニューやチラシ、看板も作らなければなりません。4～5歳児のごっこあそびには必ずお金が登場します。仕事も多くなり人数も多くなります。お客さんになるのが好きな子もいます。それぞれの興味のあることがまとまって総合的な活動になります。

動物園ごっこ、ホテルごっこ、郵便やさんごっこ、お店やさんごっこ、コンサー

ほんじつは
えいぎょう
しゅうりょう
しました
みかん
農産物

トごっこなど、今までいろんなごっこあそびが展開されてきました。

〝ごっこ〟は時代を映す鏡⁉

長年保育をしてきましたが、最近になって初めて出現したごっこあそびがあります。

子どもたちに「どこへ行きたい？」と尋ねたところ「おんせん」と返ってきたのです。思いもかけない返事でした。昔、温泉はジジババの行く所でしたけど、時代は変わりました。今はスーパー銭湯や温泉などに泊まる体験を、子どももしているということでしょうね。とはいえ、もちろん温泉には連れて行けません。すると、「温泉ごっこをやろう」と提案する子が現れ、従業員を募集しました。従業員になった子はビニール袋で作った制服を着ます。そして、3月でしたが夏のビニールプールを外に出し、お湯を張りました。なんといっても本物っぽくなければいけません。「水道代は？　ガス代は？」という心配が私の頭をよぎりましたが、「教材費だ！」と覚悟を決めて、その後の展開に委ねました。

露天風呂から上がると、入り口には段ボールで作った体重計。麦茶が置かれたテーブルにはおしゃべりを楽しむ人々が。「マッサージ」の看板があったので、お願いすると「座ってやりますか？　寝てやりますか？」と聞かれました。「寝てします」と答えると、布団を敷いた場所に案内され、それはそれは優しくじょうずなマッサージをしてくれました。時間になるとショーが始まり、ウルトラマンショーとダンスが披露されました。おみくじもありました。温泉行きの電車も現れました。電車好きの子どもが発案し、段ボールの電車や木の踏切を作ったのです。

準備は2〜3日でした。仲間関係のできた時期だからこそでしょうが、ひとりの子が言い出したことにそれぞれが自分らしく参加し、大がかりなごっこあそびに発展しました。

子どもの観察力には驚かされます。考えてみたら、子どもは不自由です。どんなに現実社会に憧れても、今はまだ、本物にはなれないのです。自分たちの手元にある物を駆使しながら、模倣の世界をつくるのです。おとな社会への憧れが、観察力、柔軟な発想、工夫する力、物作り、仲間との共同作業と見事な学びにつながっているのだと思います。

ごっこあそびは、一人ひとりの発想で広がり、それぞれが互いの存在を尊重しやすい活動です。また、年間を通して、子どもの育ちを実感できるあそびでもあるのです。

COLUMN

子どもとの関係が深まるこの時期だからこそ、“暇な先生”を楽しみましょう

一年の大半を一緒に過ごしてきた子どもたちですから、この頃になると、保育者とも互いに気心が知れた間柄になっているものです。ゆっくり子どもの声に耳を傾けてみましょう。案外ちゃんと感じ、考えています。心の扉を開いて本音で話してくれます。どうしても先生という立場で、“こうあるべき”とか、“あーしなさい”といった方向で指導してしまいがちです。すると、子どもは「この人は、聞く耳持たずの人」と察し、話は聞くけれど、自分からは発信しない子になってしまいます。それは残念です。ここまで関係が深くなっているのですから、先生という立場ではなく人として子どもと対等に向き合ってみましょう。すると「たかが子ども、されど子ども」です。

子どもは、私たちおとなより感性が鋭く、気持ちを真っ直ぐに表現してきます。子どもと話していると、混じりけのない自分の芯の部分に気づかされることも多々あります。それは人として大事にしたいことを呼び起こしてくれます。子ども同士の関係も、子どもと保育者の関係も充実したこの時期だからこそ、「子どもが主役の保育」が実現します。あそび方もトラブルの解消の仕方もなかなかです。子どもたちを信じ、一歩離れて眺められる、ある意味、“暇な先生”を楽しんでください。

卒園

さみしさ募る3月

はやい！　もう3月？
どうしよう！　もう3月！
いやだー！　3月！
いろんな思いで年度末の3月を迎えます。

3月になると、今月でクラスの子ともお別れか、とさみしい気持ちになります。子どもと出会った4月には、「大丈夫かしら。この子たちをまとめることができるかしら?」なんていう不安のほうが大きかったはず。それが月日と共に、だんだん子どもとの距離が近づき、いつの間にか「うちの子」なんていう気分になっています。困ったこと、苦しかったこと、泣きたいようなことは吹っ飛んで、どの子もかわいい〝私のクラスの子〟ですよね。こんな気分のとき、保育は楽しいけれど、つまんない仕事だなぁ……と思います。せっかくいい関係になったのに、巣立っていっちゃうんですからね。

同時に不安も心をよぎります。この子たち、小学校に行っても大丈夫かしら？先生の言うこと聞けるかしら？　給食を全部食べられない○○ちゃんは、「残していいですか？」と言えるようにしておいたほうがいいかしら？　じっとできない○○ちゃんには、座っていられる練習をしておいたほうがよかったかしら？　字に興味を持っていない子にも、何か手だてがあったのでは……と。そして、自分の力不足を振り返ります。もっとちゃんと保育すべきだった。ほかから来た子どもたちより劣っているのではないか、そのせいで困ることが多いのではないか、と思いは尽きません。これ、ほぼ母心。

卒園式前は大忙し

ところがいよいよ卒園間際になると、こんな感傷に浸っている場合ではなくなります。幼稚園勤務時代は、「卒園アルバムや製作帳の作成」「卒園式の練習」などに追いたてられていました。保育界においては大晦日ですから、大忙しです。けれど、どうしてこんなにカリカリして最後のときを過ごさなければいけないのかと、毎年うんざりしていました。職員室の中もカリカリ、帰宅時間も遅くなり、自分の人相も悪くなる。卒園式の練習も、お辞儀をしたり、歌ったり、証書の受け取り方を何度も練習したりしました。厳粛な式にするため、そして、親が我が子の晴れの姿に感動できる卒園式にするために、日々大変でした。小学校の卒業式じゃないんだから、もっとほほえましく見送りたいと思っていました。

子どもの気持ち

では、子どもたちの気持ちはどうでしょう。

秋の就学時健診のときはまだ余裕がありました。「今日、学校行ったぜ!」「ジャンケンするんだよ」などなど、軸足はこちらにあるので、まあ、お試しのイベント感覚。

新年を迎えた頃は「もうすぐ小学校ね」のことばと、次々に買ってもらえる学用品に気分も上々。ランドセル、筆箱、下敷き、上履き……でも、これらをどう使うかということはイメージできていません。

3月が近づいてくると、今の生活ではなくなることを実感し始めます。そして3月半ばの卒園式目前の頃、「学校に行くの楽しみ?」と聞くと「うん」と言いますが、いまひとつ力がこもっていない子もいます。

兄姉のいる子はだいたい物知り顔に小学校の情報を提供してくれます。「給食残しちゃだめなんだって」「先生って怖いらしい」「あそぶ時間はちょっとしかない」「宿題がたくさん出る」。どれも本当か嘘かは知るよしもなく、子どもたちはちょっとビビります。しかし、なんといっても最大の不安は、友だちと別れること。そして、新しい友だちができるか、ということです。

子どもは、日頃から〝いじめ〟ということばに慣れています。ある日、けんちゃんが、「ぼく小さいから、いじめられるかもしれない」と言いました。「そうか、それが心配なんだ。どうしたらいいんだろう」とほかの子に聞くと、「友だちに守ってもらえばいい」「友だちたくさんつくれば、守ってくれるよ」といった答えが返ってきました。ですが、けんちゃんの顔は晴れません。「だから、友だちがいないんだし。どうすれば友だちができるの?」と聞きます。りんごの木からはたいていひとつの小学校にひとりかふたりしか入学しません。彼も然りです。子どもたちは考えます。「あのさ、けんちゃんは今、みーちゃんとなかよしでしょ? みーちゃんとどうやって友だちになったの?」と聞かれ、けんちゃんは「知らないうちに、

友だちになってた」と答えました。「だからさ、友だちって知らないうちにできるものだから、大丈夫だよ」。わけのわからない解決策ですが、徐々にけんちゃんの顔が晴れてきました。みんなが心配してくれているうちに、なんとかなると思えたのではないでしょうか。

新しいことを迎えるときはつねに、こんなふうに期待と同時に不安や心配が入り混じっているもの。残念ながら、保育者も親もその心配を、安心に変えることはできません。一緒に心配をすることしかできないのです。でも、子どもたちは大丈夫。心配を抱えながら一歩を踏み出していくのです。

巣立ちゆく子どもたちへ

りんごの木を始めたときに、子どもの気持ちに添うと卒園式はいらないのかもしれないと思いました。でも、でも、私がちょっとさみしいです。卒園の節目はやっぱりほしい。そこで、極力シンプルにしました。

子どもたちは何の練習も、製作もしません。前日までしっかりあそびます。そして、私たちおとな（保育者）から子どもたちへプレゼントをします。手書きの卒園証書とメッセージカード、りんごがアップリケしてある座布団、そして一人ひとりに、その子だけのオリジナルソングを作ってプレゼントします。

一人ひとりへの歌のプレゼントは創設当初から続けていました。創設メンバーに中川ひろたかさん（シンガーソングライター・絵本作家）がいたこともあって、最初は「歌を作ろうよ」という彼の提案で私が詞を書き、彼が曲を作ってプレゼントしていました。次には新沢としひこさん（シンガーソングライター）と保育をしていたので、そのままこの習わしは続けられました。やがて、彼もりんごの木を去ってしまったのですが、そのとき

どきの保育者で続けてきています。みんな音楽の素人ですが、一人ひとりの子どものエピソードは語れます。それを詞にまとめていきます。それから曲をつけます。自画自賛ですが、なかなかいい歌が生まれています。

2月後半に、できた歌を録音します。かつてはカセットテープでしたが、今はプロのミュージックエンジニアの方（といっても、スタッフの夫）に頼んでいます。そして、新沢さんがピアノ伴奏に来てくれます。それをCDにしたものと楽譜集を卒園式当日にプレゼントします。

卒園式当日はなるべく緊張しないよう、いつもどおりに話しかけます。前に出てきた子ども一人ひとりに卒園証書を渡し、歌を披露するだけの卒園式。晴れ着を着ている子もいれば、ふだん着の子もいます。親子げんかをしながら着替えている姿もあります。証書や歌をもらうとき、直立不動の子もいれば、恥ずかしくてぐにゃぐにゃになってしまう子、一刻も早く姿を消したくてもぎ取るように証書を奪っていく子、顔をしっかり私に向けて「ありがとう」と言う子と様々です。その子らしい姿に私たちも親たちもほほえんでいます。

私からは「6歳の子はみんな小学校に行くことになっています。まずは行ってください。そして、疲れてボロボロになりそうになったら、がんばれなくなったら〃ただいま〃と帰っていらっしゃい。今までは自分の家だけが帰るところだったけれど、これからはりんごの木も帰れる場所になりました」と話し、「いってらっしゃい」と会を閉めます。

　これからの人生いろんなことがあるだろうけれど、いつも応援しているからね、と想いを込めて送り出しています。

HOT.B FOOD
COMPANY

特別インタビュー

りんごの木で過ごしたあの日 そして今

巣立ったあとも、なお愛してやまない場所――りんごの木。
かつて、園児として、保護者として、スタッフとして、
りんごの木に通い、そして巣立っていった5人の方々に、
りんごの木で過ごしたあの日、そして今について、話を伺いました。

りんごの木卒園生・
現りんごの木スタッフ
中尾奈緒子さん

中尾さんのご両親
木下則文さん
木下悦子さん

元りんごの木スタッフ
平田明子さん（ケロポンズ）

りんごの木卒園生・
現りんごの木在園児の保護者
小島康史さん

保護者として、再び戻ってきたりんごの木

りんごの木卒園生・現りんごの木在園児の保護者

小島康史さん

りんごの木の卒園生でもある小島さん。今では、2歳になるひとり娘のももちゃんと一緒に、毎週土曜日、りんごの木の親子教室に通っています。りんごの木では、毎日、泥だらけになってあそんだというご自身の思い出と、現在、親子で通うりんごの木への思いについて話を伺いました。

今も昔も変わらない りんごの木の空気感

――小島さんは、りんごの木が創設されて間もない頃に入園されたそうですが、当時のことで、特に記憶に残っていることなどはありますか？

小島さん　僕は、いつも年上の男の子にくっついてあそんでいましたね。お兄ちゃんと一緒にいることで、ずいぶん大きな顔をして過ごしていたみたいです（笑）。当時はりんごの木のまわりも、今のようにたくさんの家はなく、畑や原っぱのような場所ばかり。そんなところを、ひたすら走り回って、毎日泥まみれになってあそんでいたかな。

――まさに古き良き時代の子どもの姿ですね（笑）。

小島さん　今と昔では、時代も環境もずいぶん変わりましたよね。でも、今、娘と一緒に僕も毎週土曜の親子教室に通っているのですが、ここの雰囲気というか、空気感は、昔のままですね。まったく変わっていないと感じています。僕が子どもの頃にお世話になっていた愛子さんが、今もここで保育をしていらっしゃるわけだから、いろいろ進化していることはあっても、りんごの木の保育の根っ

恩師でもある愛子先生に、今では一保護者として子育ての相談も。

平日は仕事に明け暮れる小島さんにとって、週に1度の親子教室は、ももちゃんとゆっくり向き合うことのできる大切な場所でもあり、同年齢の子を持つ保護者と交流できる貴重な場所にもなっています。

この部分は変わっていない、ということなんでしょうね。

――りんごの木の空気感、というのは具体的にどのようなものなのでしょう?

小島さん　りんごの木のおとなは、いい意味で子どもを子ども扱いしない。〝小さなおとな〟として接してくれるんです。子ども扱いしない、というのは、おとなのほうが子どもよりえらいとか、おとなが子どもを導くといった関係ではなく、つねに対等の関係で向き合っているということ。おとなと子どものそういったフラットな関係性のなかから、相互の信頼も深まっていくのだと思うのですが、その関係性は、保育者と子どもだけでなく、保育者と保護者、さらには、りんごの木のスタッフ同士の関係についても同じで、すべてフラットなんです。それがりんごの木の居心地のいい空気感になっているのだと感じます。

スタッフ、子ども、保護者、すべての関係がフラット

――立場が違うと、どうしても越えられない一線のようなものがあったりしますが、りんごの木には、そういった垣根がないのですね。

小島さん　愛子さんは、りんごの木の代表で、普通

の会社で考えたらいちばんえらい人なんですけど、まったくそういう感じがないんですよ（笑）。スタッフにも保護者にも、子どもにも「愛子さん、愛子さん」と呼ばれて親しまれている。そういう垣根のないフラットな人間関係をつくり出してしまうのが、愛子さんのすごいところですよね。

——今は、保護者としてりんごの木に通っていらっしゃいますが、親子教室で過ごす娘さんをご覧になって、お父様として感じることはありますか？

小島さん　親子教室での娘は、自分から進んでお手伝いもするし、家にいるときよりすごくしっかりしていて、同じ子とは思えないくらい（笑）。たとえ2歳児でも、ここでは〝小さなおとな〟として扱われるので、上げ膳据え膳はないですよね。その代わり、きちんと思いも尊重され、信頼もされているので、「ももちゃん、これお願い」と頼られることもあります。そういう環境が刺激になっているのかな、と感じます。これして、あれして、というのではなく、娘のやりたいことに寄り添って、一緒に考えたり、楽しんだり、感動したりしてくれるというのは、親としても嬉しいですよね。こういった子どもと〝フラットな関係〟というのが、実は、今では僕自身の子育て観にもなっています。子どもをひとりの人として尊重して見守れる親になりたいですね。

りんごの木は、親にも、子どもにも居心地のいい場所

りんごの木卒園生・現りんごの木スタッフ

中尾奈緒子さんとご両親

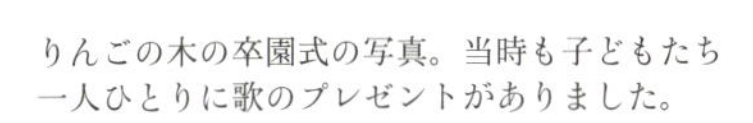

りんごの木の卒園式の写真。当時も子どもたち一人ひとりに歌のプレゼントがありました。

3人目のお子さんを出産したばかりの中尾奈緒子さんは、現在育休中のりんごの木スタッフ。そして、奈緒子さんご本人もりんごの木の卒園生です。立ち上げた2年目で、園児も5〜6人しかいなかったというりんごの木に、奈緒子さんを入園させたご両親。奈緒子さんとご両親に、当時の話を伺いました。

子どもの成長を親に語ってくれた愛子さん

——奈緒子さんは、りんごの木ができて間もない頃に入園したと伺いましたが、ご両親があえて新設の園を選んだのには、何か理由があったのですか？

悦子さん　奈緒子の兄と姉は、地元のなかでも比較的園児数の多い幼稚園に通っていたので、大きな園の雰囲気はわかっていました。私自身、次は違う雰囲気の園に行きたいと思ったこともあって、奈緒子はどこに入れようか考えていたんです。そんなとき、たまたま近所にお子さんをりんごの木に通わせているお宅があって、そこのお母さんから「おもしろい園だから」と見学を勧められたのがきっかけでした。

則文さん　その頃はまだ子どもが5〜6人しかいないこぢんまりとした園でしたね。

悦子さん　そうなんですよ。でも、見学に行ってすぐ、「あ、ここ居心地がいいな、ここに通わせたいな」と思ったんです。子どもも保育士もみんなエネルギッシュにあそんでいて。好奇心旺盛で活発な奈

愛子先生と奈緒子さん。

奈緒子さん在園中の遠足写真。首に蛇を巻いているのは愛子先生と、当時、りんごの木で保育者をしていた新沢としひこさん。

「奈緒子は、毎日、目をキラキラさせてりんごの木に通っていましたよ」と悦子さん。

緒子にも、ぴったりの園だと感じました。

――実際、入園してみていかがでしたか？

悦子さん　思った通りの園でしたね（笑）。子どもたちは、毎日、外に出かけて、冒険しているみたいに目をキラキラさせていました。りんごの木の保育には、愛子さんの〝いやなことはやらない！　やりたいことをやる！〟というポリシーがあふれていて、私にとってもそれはとても心地のよいものでした。

則文さん　子ども一人ひとり、やる気になる瞬間や、何かができるようになる瞬間って違いますよね。りんごの木は、一人ひとりのその成長の瞬間を待って、子どもが自分で歩き出すはじめの一歩を見守ってくれるんです。だから、子どもの「やった！」「できた！」という感動や達成感がすごく大きい。

悦子さん　愛子さんは、そういった子どもの成長の瞬間を、「お母さん、お母さん！　今日、こんなことがあってね」と本当に嬉しそうに語ってくれるんです。一緒に子どもの成長を喜んでくれるというのは、親にとってはとても嬉しいことですよね。

私にとってりんごの木は第二の我が家

――りんごの木の卒園生でもあり、今は、ふたりのお子さんが通うりんごの木の保護者、そしてスタッフでもある奈緒子さんですが、奈緒子さんにとって、りんごの木はどのような場所ですか？

奈緒子さん　卒園後、頻繁にりんごの木に行っていたわけではないのですが、中学で辛いことがあったときや、大学在学中に留学のことで悩んでいたときなど、ピンチのときはふらっと愛子さんに会いに行っていました。りんごの木で過ごしたのはほんの数年ですが、とにかく楽しくて、自分を大事にしてくれた場所という思いがあるので、卒園後も、第二の我が家のような特別な場所になっています。

「りんごの木のすばらしい保育を、ひとりでも多くの子に体験してほしい」と語る則文さん。

――元々は看護師をされていたそうですが、りんごの木で働くようになったきっかけは？

奈緒子さん　長男が2歳でりんごの木に入り、そこでたくさんの子と接するようになってから、子どもって自由でいいなぁ、おもしろいなぁと、保育の仕事に興味が湧いてきたんです。そんな私を見た愛子さんが、「あなた、保育の仕事、向いてるわよ。いいんじゃない？」と言ってくれて。そのことばに背中を押されて、よしっ、やってみよう！　と。

――現在、愛子先生と一緒に保育の現場に立って、思うことはありますか？

奈緒子さん　子どものときは、愛子さんを友だちだと思っていたんですよ（笑）。その人の隣で今、自分も保育をしているというのはとても不思議な感じです。同時に、愛子さんが子どもと接する姿や、愛子さんの保育観を、保育士という立場から目の当たりにして、改めて、愛子さんってすごい人だな、と感じています。私が子どもの頃、りんごの木で居心地よく過ごしていたように、今は、りんごの木の子どもたちにとって、ここが居心地のいい場所になるようにしたいと思っています。そして、私がそうだったように、卒園後も、ふとしたときに戻ってこられる場所になってくれたら嬉しいですね。

「自分のままで」りんごの木が教えてくれたもの

元りんごの木スタッフ

平田明子さん（ケロポンズ）

保育界のスーパースター、ケロポンズのポンちゃんとして活躍中の平田明子さん。20代の頃、りんごの木で5年間、スタッフとして子どもたちとかかわってきた経験が、今の活動にも大きく影響しているといいます。平田さんがスタッフとして、りんごの木で見てきたものとは、どんなものだったのでしょう？

あなたとして、子どもと一緒にいてくれればいい

――ケロポンズ結成前には、りんごの木でスタッフとして働いていたこともあったそうですが、もともと保育の仕事をされていたのですか？

平田さん　いえいえ、大学は教育学部を卒業していましたが、保育経験はゼロ！　りんごの木に入るまで、保育の仕事をしたことはなかったんですよ。

――どういう経緯でりんごの木で働くことに？

平田さん　大学を卒業後は、ケロちゃんが開催するパネルシアターのセミナーで、伴奏の手伝いをしていたんです。その頃、ケロちゃんはりんごの木で音楽教室もしていたんですよ。それで、たまたまりんごの木で人手が足りなくなったとき、ケロちゃんが、「おもしろい子がいるよ」って私のことを愛子さんに紹介してくれたんです。でも当時は、幼稚園や保育園の先生になる人は、ちゃんとしたおとなでないとダメだと思っていたので、ケロちゃんから、「どう？」と勧められても、「私、向いてないと思

1999年の結成以来、「エビカニクス」など数々の楽曲で人気のケロポンズ。右は相方の“ケロちゃん”こと増田裕子さん。

りんごの木に勤めていた頃の平田さんと子どもたち。

落ち葉のベッドでお昼寝タイム？　やりたいことを、とことん子どもたちと楽しんでいたりんごの木時代。

う」って断っていたんです。その後、愛子さんにも電話で「自信がないので……」と話しました。そうしたらね、愛子さん、「あら、そんなの大丈夫よ。子どもって人付き合いがじょうずだから」って言うんですよ。

――おもしろい説得のしかたですね（笑）。

平田さん　その言葉で、ちょっと力が抜けたんですかね。そうか、って妙に納得してしまいました。

――保育経験ゼロでのスタートでしたが、実際に保育に入って戸惑うことはなかったですか？

平田さん　戸惑うことは多々ありましたが、愛子さんに、「あなたとして、子どもと一緒にいてくれればいい」と言われて、それなら私にも、って思えました。おとなとして付き合わなくていいんだ！　自分のままでいいんだ！　と。なので、おとなとか、保育者という立場ではなく、毎日、本能のまま子どもたちとあそんでいましたね（笑）。

やりたいことにとことん付き合うのが〝りんご流〟

――りんごの木の子どもたちはみんな、すごく生き生きしていますよね。ある意味、とっても子どもらしい子どもたちだな、と。

平田さん　そうそう、みんな本当におもしろいんです。りんごの木の保育は、子どものやりたいことにとことん寄り添う、ということを大事にしているのですが、とにかくこれが本当に〝とことん〟なんですよ！　子ども自身がおもしろいと思ったこと、やりたいと思ったことを思いきりできる、やり切れる、そういう環境が、子どもたちをキラキラさせるんだと思います。

――りんごの木は、子どもだけでなく、スタッフのみなさんも生き生き、キラキラしています。

平田さん　愛子さんの「あなたのままでいい」というのは、スタッフに対しても同じなんですよ。私も、ほかの園だったら怒られてしまいそうなはちゃめちゃなことを日々やっていましたが、お陰で、子どもたちと一緒に何かを見つけて心から感動したり、笑ったりすることができました。「生きてる！」って感じる毎日で、本当に楽しかったです。

――コンサートで見るケロポンズのおふたりからも、全力で楽しんでいるのが伝わってきます。それは、りんごの木時代も同じだったのですね。

平田さん　そうですね。りんごの木の生活はすべて今につながっていると思います。ケロポンズとしての活動も、母としての自分もありのままの自分で、とことんやろう！　とことん楽しもう！　という思いがベース。そして、子どもがおもしろいと思うこと、やりたいと思うことにとことん寄り添うことで、子どもがどんどん輝きだす、りんごの木でそんな姿をたくさん見てきたことも、ケロポンズとして、子どもたちと向き合う姿勢の原点になっていると確信しています。愛子さんとりんごの木に感謝です！

おわりに

保育を通して子どもにはまって、はや47年！ 飽きることのない仕事に出会えたのは、宝くじに当たったようなまれなことかもしれません。

子どもの気持ちを知りたい、子どもをわかりたい、子どもの育ちの足しになるおとなになりたい、という気持ちでたどり着いたのが、〝子どもに添ってみる〟ということでした。子どものやりたがることはなかなかおもしろい。いえ、私のなかにある〝子ども性〟が膨らんで、おとなの私もわくわくしてしまうのです。正しいか間違っているか、子どもに有益か無駄か、というおとなの判断はさておいて。

子どもと共に心を動かしながら、一緒に楽しみ、考えながら保育をしてきました。思いがけないことに驚かされたり、子どもの発想に魅せられたり、痛いところを突かれたりしながら私も育てられてきました。いつも揺れ動いている〝生もの〟が保育ですから、飽きるはずもありません。いまだに保育に入ると、新発見に胸が躍り寿命が延びる気がします。

りんごの木で過ごす日々のエピソードを、世界文化社の『プリプリ』に季刊連載させていただきました。そして、カメラマンの磯﨑威志さんがいつも同行してくださいました。夏の丹沢キャンプも冬の清里の雪あそびにも。子どもたちにとっては笑顔の優しい馴染み深いお兄さんとなってしまいました。

話したり書いたりしかできない私としては悔しいかな、写真はことばなくして子どもの気持ちを映しだしています。でも、実際のエピソードを合わせると、より立体的に子どもたちを感じることができる気がします。

単行本にするにあたって、大豆生田 啓友さんとの対談や卒園生で保護者でありスタッフでもある中尾奈緒子さん、我が子を連れて毎週通ってきてくれる小島康史君、かつてりんごの木のスタッフでもあり保護者でもあった平田明子さん。みなさんのご協力で本に深みと厚みを加えていただきました。

編集者の石川由紀子さん、森 麻子さんには心強い道案内をしていただき、楽しんでお仕事をさせていただきました。みなさんに心から感謝です。

そして、本書を手にとってくださったみなさん、読んでくださってありがとう！

あなたの目の前にいる子どもたちと過ごす元気のもとになれたら幸いです。

柴田愛子

柴田愛子　しばた・あいこ

保育歴47年。東京の私立幼稚園に保育者として10年勤めた後、「りんごの木」創設。「りんごの木」代表を務めるかたわら、保育者や保護者向けの講演や執筆、セミナーを通じて、子どもの育ちのドラマを発信している。『保育の瞬間』（学研プラス）、『それって、保育の常識ですか?』（すずき出版）、絵本『けんかのきもち』（ポプラ社）など著書多数。

磯崎威志　いそざき・たけし

フォトグラファー。滋賀県出身。美術大学のデザイン科を卒業。広告写真の現場を経て、現在は出版業界を中心に幅広いジャンルで活動中。専門誌や趣味の情報誌など、読者が共感する写真を目指す。

撮影　磯崎威志（Focus & Graph Studio）
撮影協力　りんごの木
　柏原真紀
ブックデザイン　周 玉慧
編集　森 麻子
企画編集　石川由紀子

柴田愛子流「りんごの木」の保育　春夏秋冬
とことんあそんで
でっかく育て

発行日
2019年7月20日　初版第1刷発行

著者　柴田愛子
発行者　小杉繁則
発行　株式会社世界文化社
〒102-8187
東京都千代田区九段北4-2-29
電話　03-3262-5474（編集部）
03-3262-5115（販売部）
03-3262-5128（販売マーケティング部）

DTP製作　株式会社明昌堂
印刷・製本　図書印刷株式会社

ISBN 978-4-418-19720-0